中国南阳汉画像石大全

第三卷

凌皆兵　王清建　牛天伟　主编

丁亥有九十又二题

中原出版传媒集团
大地传媒

大象出版社
·郑州·

〔目 录〕

卷首语

　　河南省南阳市所属的唐河县、方城县、邓州市（现已升格为省直管市）、桐柏县、新野县等县市均发现并发掘过汉画像石墓。如：唐河县的"郁平大尹"墓，针织厂一、二号墓，电厂墓，石灰窑墓，白庄墓，湖阳镇墓等；邓州市（原邓县）的长冢店墓（原地封存）、梁寨墓等；方城县的东关墓、城关镇墓、党庄墓等；桐柏县的安棚墓；新野县的前高庙墓；等等。本卷收录了唐河县、方城县及邓州市的六座典型墓葬以及南阳市第二化工厂30号墓的总计179幅画像。现将这七座墓葬的基本情况介绍如下：

　　汉"郁平大尹冯君孺人（久）"画像石墓坐落在唐河县湖阳公社（现湖阳镇）新店村西约300米处的高地上。1977年冬季，新店大队进行农田基本建设时发现了这座墓。1978年3月2日至22

日对这座墓进行了清理。这座墓的墓室为砖石混合结构，方向95°，平面呈长方形，东西长9.5米，南北宽6.15米。墓室建筑分前、中、后三个部分。前部分从大门到中大门，包括前室和南、北两个车库。中部分从中大门到主室门，为一近似正方形的天井式院落建筑，顶为覆斗式砖券顶。后部分包括南、北二主室，南、北、西三藏阁。三个藏阁互通，形成对称的回廊式建筑。此墓共雕刻画像石35块（幅），大多残留有朱彩。极为珍贵的是，在大门南柱、南车库东门柱、中大门南门柱、主室中柱、南阁室门楣等多处阴刻有"郁平大尹冯君孺人（久）始建国天凤五年十月十柒日癸巳葬千岁不发"等题记。由这些文字可知，墓主"冯君孺人（久）"生前的官职为郁平（郁林）郡大尹（太守），埋葬日期为王莽新朝天凤五年（公元18年）十月十七日。

唐河针织厂一号画像石墓位于唐河县南关外针织厂，1971年秋在扩建工程中发现。1972年六七月间进行了发掘。墓室为纯石结构，平面呈"回"字形。墓门向东。建造时代应为东汉早期。墓室所用的石料分别为墓底32块、墓壁44块、门额8块、门扇4块、墓顶34块、封门6块、顶门柱2块，共计130块，体积约33立方米。该墓出土画像74幅，本卷收录画像49幅。

唐河电厂画像石墓位于唐河县南关发电厂院内，1973年6月14日在扩建厂房工程中发现。这座汉墓南距针织厂汉画像石墓约300米，西距唐河500余米。该墓共出土画像石36块，28幅画面。该墓的年代应属于新莽时期。

方城县东关画像石墓1976年春于方城县城关公社东关大队的潘河东岸发现，发现后暂时封存。1977年10月下旬进行了清理发掘。墓室为砖石结构，由墓门、两前室、两主室、两侧室和后室八部分组成，墓门向东，各墓室互相连通，墓室破坏严重。建造时代应为东汉中期。

方城县城关镇画像石墓位于方城县城关镇，1982年4月底发现，5月上旬至中旬进行了清理发掘。墓地距方城潘河东岸约500米。方城东关画像石墓在此墓东南约200米处。此墓的时代应在新莽时期或东汉初期。

邓州市梁寨画像石墓位于邓州市元庄乡（今属汲滩镇）梁寨村东南角的一处高地上，1989年夏天，农民在该村取土时发现，同年10月对该墓进行了发掘清理。墓葬坐东朝西，方向276°。墓葬由墓道、墓门以及南北主室组成。墓室全长3.65米，最大宽度3.24米，墓室平面呈"曰"字形。该墓为砖石结构，共用19块石材和大量的小青砖混砌筑成。建造时代应当是东汉晚期。该墓共出土画像石11块，雕刻画像21幅。本卷收录画像16幅。

南阳市第二化工厂30号画像石墓位于南阳市第二化工厂厂区，1991年10月对此墓进行了发掘。墓葬坐东朝西，方向287°，砖石结构。墓室平面呈长方形，由墓道、甬道、前室、南北两主室组成。石材主要用于墓门、甬道门、前室墓门、两主室的墓门及隔墙，其余各处及铺地皆用灰色小砖。墓门由一中立柱、两侧柱、两门楣组成，无门扉。墓门后为甬道。甬道仅存一立柱、一横梁。前室略宽于两主室。主室分为南、北两主室。主室门由一中立柱、两侧柱、两门楣、两门槛组成。两主室之间由三立柱、二石梁构成隔墙。主室墓顶在清理时已坍塌，前室墓顶已遭破坏不存。该墓共用石材20块，所刻画像28幅，本卷收录画像22幅。

〔唐河汉『郁平大尹』墓画像石〕

“东方”题记

259 cm × 46 cm　中大门门楣背面

中大门门楣的背面有“东方”二字。

"南方""藏阁"题记

182 cm×41 cm　中室南门

门楣左上角刻"南方"二字，中部刻"郁平大尹冯君孺人（久）藏阁"十字。

中室北门的门楣上有"北方"的题记。

"北方"题记

184 cm × 41 cm 中室北门门楣

中室北门的门楣上有"北方"的题记。

"西方内门"题记

42 cm × 140 cm　南主室门楣

南主室门楣上有"西方内门"题记。

"中大门"题记

中大门南门柱刻"郁平大尹冯君孺人(久)中大门"字样。

"中大门"题记

69 cm ×132 cm   中大门南门柱

中大门南门柱刻"郁平大尹冯君孺人(久)中大门"字样。

"车库"题记

24 cm×114 cm　南车库东门柱

南车库东门柱刻"郁平大尹冯君孺人（久）车库"字样。

"天凤五年" 题记

24 cm × 124 cm　主室中柱

主室中柱上刻 "郁平大尹冯君孺人 (久) 始建国天凤五年十月十柒日癸巳葬千岁不发"
二十七字。"冯" 是死者的姓氏，"孺人 (久)" 当是冯君之名。"始建国天凤五年 (公元
18年) 十月十柒日癸巳葬" 当是指死者的埋葬日期。 "千岁不发" 为吉祥语，即永远不被
盗掘破坏之意。

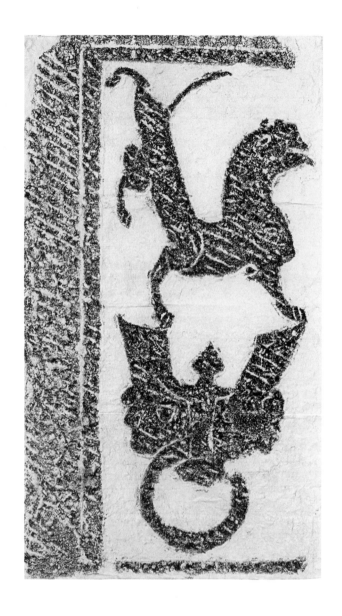

白虎铺首衔环

50 cm×92 cm　中室北门（北阁室门）西门扉

图上部为白虎，下部为铺首衔环。

异兽·鸟·铺首衔环

50 cm ×92 cm　中室南门西门扉

图上部一怪兽，人首虎身；中部一鸟，口衔一蛇，蛇身卷曲；下部为铺首衔环。

白虎铺首衔环

56 cm ×91 cm　中室南门东门扉

图上部为白虎，下部为铺首衔环。

图上部为白虎，下部为铺首衔环。

白虎铺首衔环

50 cm ×92 cm　中室北门（北阁室门）东门扉

图上部为白虎，下部为铺首衔环。

朱雀铺首衔环

60 cm×126 cm　北主室北门扉

铺首上方刻朱雀，朱雀作展翅欲飞状。铺首口衔圆环。

朱雀铺首衔环

57 cm ×126 cm 北主室南门扉

铺首上方刻朱雀,朱雀作展翅欲飞状。铺首口衔圆环。

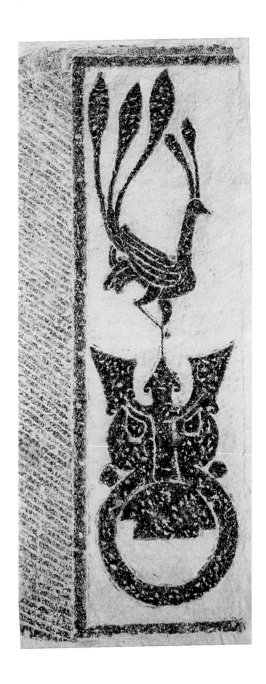

朱雀铺首衔环

50 cm×126 cm　南主室门南门扉

图上刻朱雀，下刻铺首衔环。

朱雀铺首衔环

54 cm×126 cm　南主室门北门扉

铺首上方刻朱雀，朱雀作展翅欲飞状。铺首口衔圆环。

白虎铺首衔环

72 cm ×138 cm　大门南门扉

图上刻一白虎，下刻铺首衔环。

朱雀铺首衔环

66 cm×138 cm　大门北门扉

铺首上方刻朱雀，朱雀作展翅欲飞状。铺首口衔圆环。朱雀构思独特，形象优美，为南阳汉
画像石中所仅见。

图中刻一环，二龙尾巴从环中穿过。

二龙穿环

259 cm × 47 cm　大门门楣正面

图中刻一环，二龙尾巴从环中穿过。

图中刻一璧，二龙尾巴从璧中穿过。

二龙穿璧

215 cm × 42 cm　中门门楣正面

图中刻一璧，二龙尾巴从璧中穿过。

二龙交尾

182 cm × 38 cm　南车库门楣

图中刻二龙交尾呈环形。左刻一羽人，踞坐，右手持杖戏龙。右刻一官吏，右手执笏，着襦端坐。

龙·鱼

115 cm × 45 cm   北主室南壁

图左刻一应龙,张口吐舌,舞爪展翼,作奔驰状。龙尾上方刻一游鱼。

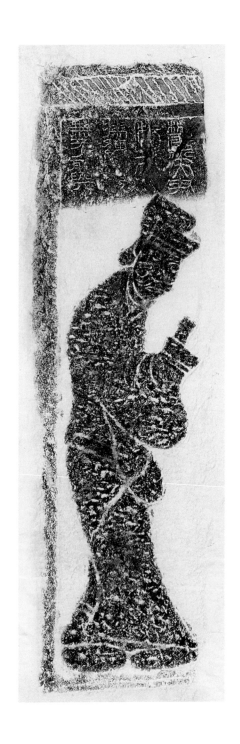

执笏人物

38 cm×132 cm　大门南门柱石正面

图中一官吏双手执笏，侧面站立。人物上部有"郁平大尹□□□□ 冯孺□□ 无 □□□"题
记。王莽新朝时改郁林郡为郁平郡，改太守为大尹。

人物

28 cm ×114 cm　北车库门西柱

图刻一人物，头戴前低后高冠，双手捧一物，作恭候状。

执笏门吏

53 cm ×89 cm　北阁室门东门扉背（北）面

图刻一门吏，戴前低后高冠，双手捧笏，作恭候状。

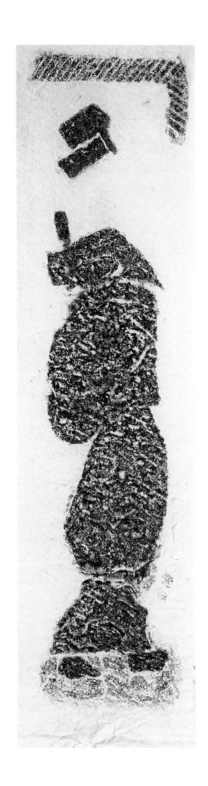

执笏门吏

31 cm × 131 cm　　大门北柱

图刻一门吏，戴前低后高冠，双手捧笏，作恭候状。门吏头部残缺。

执笏门吏

41 cm ×91 cm　中室南门（南阁室门）西柱

图刻一门吏，戴前低后高冠，双手捧笏，作恭候状。

持盾佩剑门吏

48 cm×125 cm　南阁室北壁

图刻一门吏，戴冠，着长袍，佩剑持盾，侧身站立。

人面虎身兽

115 cm×45 cm　南主室北壁

图刻四首人面虎身兽，人首皆戴前低后高冠，一首与虎尾三首相顾。

乘象

87 cm ×68 cm　　北阁室北壁

图中刻一大象（尾部残），象背有鞍具，鞍具上有二人。前一人端坐，上身残；后一人躺卧，右臂架起，手掌托头，左臂平放在腿上。

舞乐百戏

176 cm×63 cm　　南阁室南壁

图左刻一长榻（右部残缺），榻上坐四人，左起第一人吹竽；中间二人正面坐，吹排箫摇鼗鼓；右边一人捧竖管演奏。图右共有四人，两女伎皆高髻细腰，并列折腰甩袖作燕飞状舞蹈，女伎脚下原雕刻并列的四个圆形物，现已只剩两个。另有一女伎双手倒立，其旁站一大汉。

兽斗

229 cm×73 cm　南阁室南壁

图中共五兽：左刻一猛虎，张牙舞爪；中间一熊，竖耳直立，张口低首；熊胯前卧一小鹿（残）；熊后刻一牛，身躯强健，前腿张开，低首竖角作角抵状；牛旁刻一长尾兽，回首作张望状。

拜谒

219 cm ×66 cm 南阁室南壁

图刻八人:左起为主人,戴前低后高冠,右手执笏,跽坐受拜;面前跪一人,双手捧笏作
揖;右刻六人,下部三人前后排列,皆双手执笏弯腰施礼,上部一人执笏跪拜,另二人执笏
俯身作稽首拜(其中一人残)。

百戏

154 cm×56 cm   南阁室南壁

图左起一乐人跪坐，右手握竖管吹奏；一乐人正面坐，左手执排箫吹奏，右手摇鼗鼓；中间
有一女伎，挥舞长袖作盘鼓舞，双足下踏一盘一鼓。图右二人，一赤裸上身大汉左手托壶，
右手掷弄两丸；一伎在樽上作单手倒立表演。

拜谒

278 cm ×68 cm 北阁室北壁

画左中部一人正面站立，形象高大，留八字胡，左手扶剑，右手掌向上平伸，作礼毕招呼意，似为主人。主人右侧有两官吏作拜状，一吏执笏下跪，一吏执笏站立。主人左侧立一吏，佩剑执笏，拱手相迎。佩剑吏身后有二吏，一吏执笏跪拜，一吏执笏鞠躬。其后有一吏，头戴平顶冠，双手拥彗，低首恭迎。右刻一建鼓，鼓座为卧虎形，虎尾上翘围绕于柱的下端。鼓旁立一吏，双手执桴击鼓。

蹶张

130 cm × 70 cm　南阁室南壁

图刻蹶张头戴武冠，着短襦短裤，背插矢，两手拉弦，双足踏弓。旁有一熊，竖耳直立，瞪目张口，扭头舞爪作惊恐状。

戏虎

125 cm × 69 cm　　北阁室北壁

图中刻一虎，昂首翘尾，虎颈拴索。前有一戏虎者，侧转身跨步牵索拉虎。虎后有一动物似猴，右前肢拉虎尾，左前肢按虎后腿。右下角刻画一只静卧的小老虎。

拜谒

128 cm ×96 cm　南阁室南壁

图右刻两官吏，皆戴前低后高冠，着长襦客服，捧笏互拜。左侧官吏身后站立一侍卫，头戴平顶冠，竖眉瞪目，着短衣短裤，左手握剑，右手执盾，形象剽悍。

拜谒

120 cm ×90 cm　　南阁室北壁

图右刻两官吏，皆戴前低后高冠，身着长襦，执笏倾身对揖。图左站一执戟小吏，戴平顶冠，面部臃肿，身高低于执笏官吏。

蹶张

105 cm×148 cm　南主室西壁

图刻蹶张头戴武冠，高耸双肩，瞪目衔矢，双足踏在弩背上，两手用力拉弦，形象凶猛强悍，是此墓唯一的阴刻画像。

门阙·厅堂

140 cm × 90 cm　南阁室北壁

图中间为厅堂建筑，两侧各有一对称的双层楼阁式门阙。厅堂左右两侧各站一执笏侍吏。厅内一几，几后坐二贵夫人，拱手胸前。几旁站一侍女，双手捧奁盒。

蹶张

116 cm ×91 cm　西阁室西壁

图刻蹶张头戴武冠，着短衣短裤，竖眉瞪目，口衔利矢，两手拉弦，两足踏弓。旁有一武士，赤裸上身，着短裤，赤脚，左手提卣，右手扬斧，头部后倾，奔向蹶张。

建鼓舞

128 ㎝ ×68 ㎝　南阁室南壁

图中间置一建鼓，鼓面侧置，柱头饰羽葆，鼓面下端各悬一小云锣。两鼓手头戴前低后高冠，执圆头桴击鼓敲锣，同时翩翩起舞。

图中竖一建鼓，鼓左右各一人，双手执枹击鼓而舞。

建鼓舞

120 cm ×94 cm　北阁室北壁

图中竖一建鼓，鼓左右各一人，双手执枹击鼓而舞。

唐河针织厂墓画像石

图刻横向相套连的四个圆环。

穿环图案

96 ㎝ ×53 ㎝　北主室顶部

图刻横向相套连的四个圆环。

菱形穿环图案

50 cm × 106 cm　前室盖顶石

菱形穿环图案

50 cm×106 cm　前室盖顶石

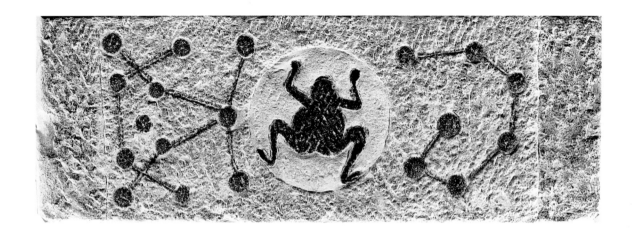

星宿·月轮

121×44 ㎝　南主室顶部

图中刻一满月，中有蟾蜍，月轮左右两旁有若干星宿。

星宿

121 cm × 44 cm　南主室顶部第三石

图刻众星，星间有连线，连线交织成菱形与六边形等。

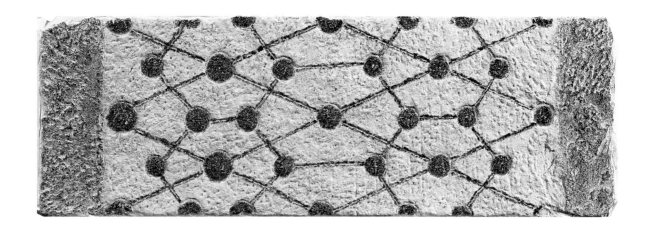

星宿

133 ㎝ × 44 ㎝　南主室盖顶石

图刻众星宿，星间有连线，连线交织成菱形与六边形。

图刻众星，星间有连线，连线交织成菱形与六边形。

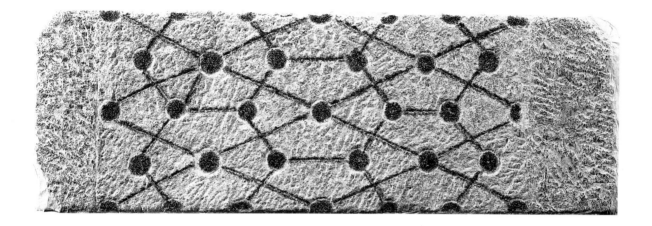

星宿

133 cm×44 cm　南主室盖顶石

图刻众星，星间有连线，连线交织成菱形与六边形。

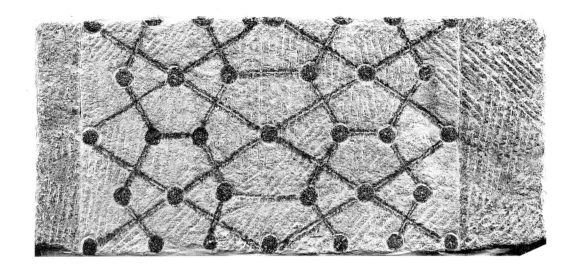

星宿

130 cm × 46 cm　南主室盖顶石

图刻众星，星间有连线，连线交织成菱形与六边形。

星宿

130 ㎝ × 46 ㎝　南主室盖顶石

图刻众星，有的三星相连，有的星间有连线，连线交织成菱形等图案。

图上部为白虎（残），下部为铺首衔环。

白虎铺首衔环

32 cm × 133 cm　墓门南门门扇

图上部为白虎（残），下部为铺首衔环。

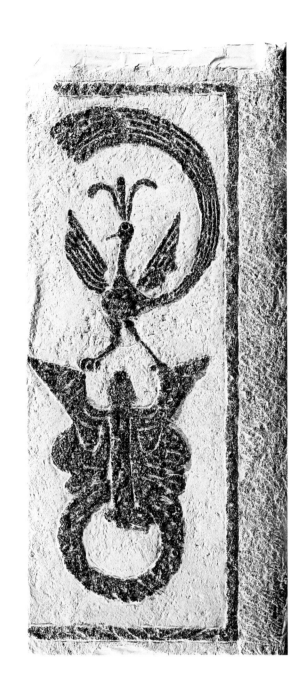

朱雀铺首衔环

32 cm × 133 cm 墓门南门门扇

图上部刻朱雀展翅站立，长尾环翘于头顶，冠羽高耸；下部为铺首衔环。

女娲

31 cm × 106 cm　主室门外北柱

图中女娲人首蛇身，左手执鼗鼓，右手执排箫。下刻龟蛇交体的玄武。

伏羲

32 cm ×104 cm　主室门外南柱

图中伏羲人首蛇身，右手上举，左手执排箫吹奏。

四神

46 cm ×94 cm　北主室顶部

图刻四神：左青龙，右白虎，上朱雀，下玄武。朱雀展翅欲飞，龙、虎皆有翼，玄武为龟蛇
交体。

持剑门吏

34 cm×106 cm　主室门中柱正面

图分上、中、下三格。上一力士蹲坐，双手上举；中一门吏，身着长衣，仰面站立，一手握剑鞘，一手握剑柄欲拔；下为一龟蛇交体的玄武。

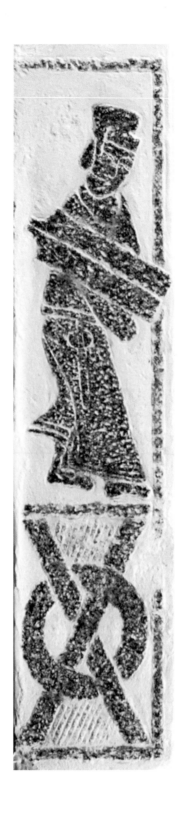

捧盾门吏

30 cm×133 cm　南墓门南柱正面

图中门吏戴前低后高冠，身着长衣，双手捧盾。下刻十字穿环图案。

执笏佩剑门吏

31 ㎝ ×130 ㎝　墓门北柱正面

图上刻一门吏，戴前低后高冠，身着长衣，双手执笏，腰佩长剑。下刻十字穿环图案。

门吏

65 cm ×68 cm　北侧室门口北壁

图中门吏戴前低后高冠，双手握一物，躬身侧立。

图刻一骑马小吏，扛幡而行。

骑吏

55 cm ×39 cm　前室盖顶石外侧

图刻一骑马小吏，扛幡而行。

图刻一骑马小吏，扛幡而行。

骑吏

55 cm×39 cm　前室盖顶石外侧

图刻一骑马小吏，扛幡而行。

图刻一骑马小吏，扛幡而行。

骑吏

55 cm × 39 cm　前室盖顶石外侧

图刻一骑马小吏，扛幡而行。

楼阁

115 cm × 78 cm　前室北壁上部

图中一建筑物，下层为厅堂，柱上一斗三升支持屋檐，屋檐两侧各有一凤鸟站立。厅内有二主人就座，有一人在表演节目（残）；左右柱外各有二人，左柱外二人右向站立，手拿之物不明，其前有一棵柏树；右柱外二人跽坐，或鼓瑟，或摇鼗。上层有两个对称的望亭。两望亭屋檐外侧各有一凤凰飞舞，内侧各有一猴子向上攀援。

楼阁

102 cm ×85 cm　前室南壁上部

图中一建筑物，下层为厅堂，两立柱上面有一斗三升的斗拱支持屋檐，柱外两侧各植柏树一棵。屋檐上两侧各有一鸟伸颈向上攀援。门内二人，席地而坐，凭几者为主人，左一人向主人跪拜。上层有两个对称的望亭，两亭之间有一人正面端坐，执杖瞭望。望亭屋檐左侧有二猴子攀援嬉戏，右侧一猴子与一蛇嬉戏，蛇曲体下垂，与其下方之鸟相戏。

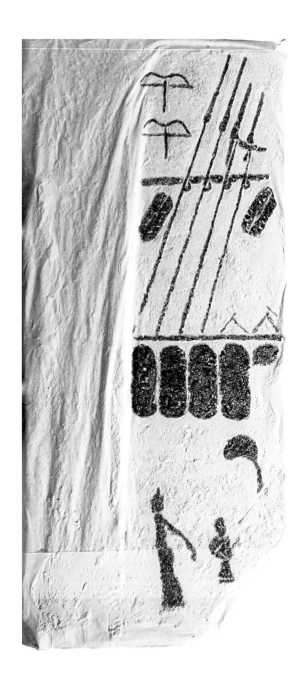

武库

49 cm ×170 cm　前室东壁北端

图分上、下两层，上层壁面挂四弩（二残）、两盾，兰锜(兵架)上挂两长矛、两棨戟；下层
壁面挂五盾（一残）。兵器下面竖一彗（柄残），有二人看守。

武库

33 cm ×182 cm　前室东壁南端

图分上、下两层，上层壁面兰锜上挂两长矛、两棨戟、两双刺戟等兵器，下层壁面挂五盾。
兵器下壁面竖一彗，有二人看守。

白虎·金乌

96 cm × 46 cm　北主室顶部

图左一白虎，张口跃足作奔驰状；右一日轮，日中有三足乌。

长虹

126 cm × 46 cm　北主室顶部

图刻半圆拱形的长虹，两端雕刻成龙头，犹如单孔桥梁。

双虎

145 cm ×58 cm　北主室北壁西端上部

图刻二兽相向戏耍，左兽向右，低首翘臀，尾巴夹在后肢间；右兽为虎，昂首阔步，向左奔走。

羽人戏龙

149 cm ×40 cm　南主室北壁门楣右

图中一龙有双翼，张口向前奔驰，其后一羽人跟随。

图右一虎，肩生羽翼，张口奋足向前奔走；其后一羽人跟随。

羽人追虎

113 cm × 40 cm　南主室北壁门楣左

图右一虎，肩生羽翼，张口奋足向前奔走；其后一羽人跟随。

河伯出行

128 cm × 47 cm　北主室盖顶石

图刻三鲤鱼并驾一车，车中二人，一驭者，一尊者；车后有四鲤鱼紧随。

高祖斩蛇

106 cm × 57 cm　北主室西壁下部

图左一人握钺，由于用力过猛，钺柄断折，身体后倾；图右一人双手执长剑，张口瞪目，头盔抛在空中，腰间长蛇盘绕。此图疑为"高祖斩蛇"故事。

校猎

127 cm × 73 cm　南主室南壁东端上部

图中两只猛虎张口翘尾向一勇士扑来，勇士面无惧色，与二虎搏斗；另一勇士持矛向另一只
猛虎冲去，一人在后边作招呼状。

斗牛·龙虎·巨人

175 cm ×96 cm　北主室北壁西端下部

图左上部一人斗牛，左下部一龙一虎相向而戏。图右一巨人，或疑为盘古，或疑为高禖，跨步站立，双手搂抱伏羲和女娲（头部残损）的蛇尾于怀中，伏羲和女娲均手持一物（不明）。

祥瑞·拜谒·二桃杀三士

112 cm ×87 cm　前室北壁上部

图中有三种题材的内容：上部中间有一虎，张口与一朱雀对立，朱雀展翅自舞，虎后有一朱雀直立，回头向虎。中部一人踞坐，面前一人向其拜谒。下部中间置一高座盘，一勇士伸手于盘中，另一勇士卷袖仰面，持剑作自杀状，一人下跪于地；左边一人静立，戴进贤冠，右边一人抱长剑，似为"二桃杀三士"。故事见《晏子春秋》。

鼓舞

93 cm ×87 cm　南主室西壁下部

图上部中间置一建鼓，上有羽葆，二人击鼓作舞；鼓两侧露出二虎前半部分。下部漫漶，左一虎奔走回首，右一虎仅见后躯。

聂政自屠

105 cm × 64 cm　南主室西壁上部

图中三人，右一人戴高山冠，坐于几上，身体后倾；中一人戴高山冠，袒左臂，仰首后倾，
形象高大魁梧，右手执剑置于胸上，作自屠状；左一人戴前低后高冠，拱手立于旁边。这幅
图可能是聂政刺韩相侠累后自屠的场面，故事见《史记·刺客列传》。

晏子见齐景公

126 cm ×75 cm　北主室北壁东端上部

图刻五人：左一人袖手侧面站立。中一人站立，侧身仰面，其前一人跪拜。右二人站立。此图疑为"晏子见齐景公"故事。

击剑

106 cm × 57 cm　北主室西壁下部

图右二勇士各执长剑相击，左有一赤膊孩童奔走。

斗牛·聂政自屠

103 cm ×97 cm　　北主室西壁上部

图上部为斗牛，右边一勇士赤膊，手握一牛后腿，将牛后躯提起，牛卷尾低首呈降服状；左边一勇士，右手握一长剑，欲向牛刺去。下部四人，一人坐几上，其前一人右手执剑向自己的腰部刺去。左右各站立一人拱手观望。疑为"聂政自屠"故事。

鲁义妇故事

127 cm × 73 cm　南主室南壁东端上部

图中车骑出行画面分两层首尾相接。下层有二导骑（残缺），后有轺车（无盖）两辆，由左
向右驰骋。前车仅乘有驭夫，后车乘驭夫和主人。上层有轺车（无盖）一辆，乘有驭夫和主
人，后有一从骑。轺车前有一人，拦驾执笏恭谒。其后有一男子，两手分别拉一小孩和一女
人。此图疑为鲁义妇故事。

舞乐·六博

133 cm ×86 cm　南主室南壁西端上部

图中十四人分为三组。上面一排四人：左一人凭几而坐，其前跪一人，执笏；右一人席地而坐，可能是在击筑；对面坐一人，仰面，左手上举，二人之间有二壶。中间一排五人：左三人踞坐，其中间一人击筑，左右二人不知执何物；中有一樽；右二人，一女伎舒长袖而舞，一人踞坐奏乐。下面一排五人：左三人中二人对坐六博，中置博局，旁有一樽，一人站立观看；右二人对坐交谈。

车骑出行

200 cm × 40 cm　墓门内门楣

图左有二导骑，骑手手执弩或负弩。后有辎车两辆，车上有伞盖，车舆内乘有驭夫和主人。

虎吃女魃

135 cm ×62 cm　南主室南壁西端上部

图中一女子（女魃）趴伏于地，作挣扎状。其上有二虎，右虎生有双翼，欲吃女魃，左虎张
口前扑，一前爪踏住女魃右手。二虎之间有一熊作舞。

虎吃女魃

186 ㎝×41 ㎝　墓门门楣

图右一翼虎将一女子（女魃）扑于地食之，其后有一虎向右奔走；图左有二兽相向搏斗。

晏子见齐景公

135 cm × 37 cm　北主室南壁门楣东侧

图中共九人。画左有二人持戟站立。中间有四人，左一人站立，怀抱一物，其前站一人，袖
手顾盼；右一人仰面站立，右手欲拔剑，其前一人拱手跪拜。画右有三人站立，最右边者残
缺。此图疑为"晏子见齐景公"故事。

范雎受袍

115 cm×39 cm　北主室南壁门楣西侧

图中共四人。左一人躬身站立，面前地上放置一盒呈半开状，内有物品。中一人，与左面人相向站立。右二人，前者抱圆形物，后者抱一长形口袋。此图可能是"范雎受袍"故事，见《史记·范雎蔡泽列传》。

车骑出行

130 cm × 40 cm　墓门内门楣

图刻车骑出行。前有两导骑，骑手手执弩。后有两辆轺车，前车上竖一建鼓，鼓上有羽葆，
一人驭车，一人击鼓；后车撑伞盖，乘有驭夫和主人。车后一人手持长矛护卫。

虎吃女魃

186 cm × 41 cm　墓门门楣

图中四虎，一虎有翼，将女魃扑于地欲食之，其余三虎，皆张巨口向女魃扑来。

图刻二龙，头有角，圆目巨口，肩生双翼，昂首相随奔跑。

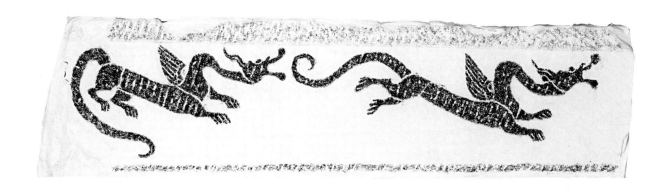

应龙

162 cm × 41 cm   西主室东壁南横梁

图刻二龙，头有角，圆目巨口，肩生双翼，昂首相随奔跑。

朱雀铺首衔环

73 cm × 126 cm　　东墓门西门扉

图上部刻一昂首翘尾、展翅鸣叫的朱雀，下刻铺首衔环。

白虎铺首衔环

70 cm ×126 cm　西墓门东门扉

图上部刻昂首张口、鼓腹翘尾的白虎，下刻铺首衔环。

三角形图案

33 cm ×124 cm　墓门中柱正面

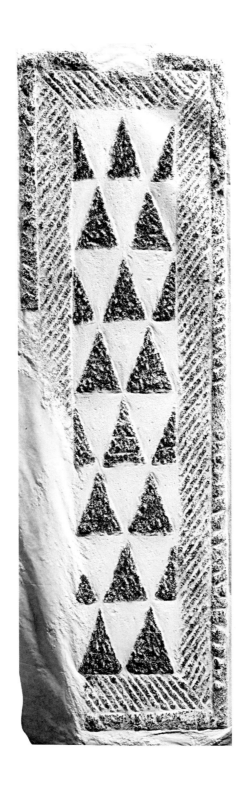

三角形图案

36 cm ×113 cm　主室门中柱正面

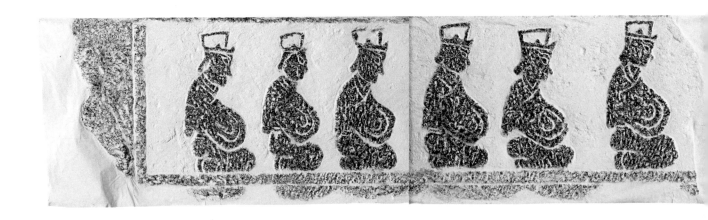

跽坐拜谒

378 cm × 46 cm   前室东侧室门楣、西侧室门楣

图右刻二尊者凭几正面端坐，左刻八人均侧面，前二人一人执笏跪拜，一人执笏俯首叩拜，
后六人袖手跽坐。

丧葬出行

619 cm×46 cm　并列两个墓门的门楣正面

图中刻一幅浩浩荡荡的丧葬出行图。右起一人正面坐，双手执一锸，旁有一柏树；队伍最前
骑者，肩一铭旌（幡）向后飘动，驱马开道；其后有六辆轺车，每辆车上都有伞形华盖，舆
内坐二人，驭手引辔执鞭，乘者正襟端坐，最后一辆车仅刻出一马和驭手，以示车队无穷，
络绎于途。马身皆涂有朱砂。

猎虎·二龙交尾·导骑出行

619 cm × 46 cm   并列两个墓门的门楣背面

图左有二人，一人持长矛向虎猛刺，一人弯弓射虎，虎头中一矢。图中刻二龙，尾相交缠绕成十字穿环图案。图右一贵妇人头戴胜，长衣曳地，拱手站立，其后一女子跟随，其前一男子，双手持旌节先导；三人前方，一人双手执一剑，大步奔走，其前二人执戟和棨戟骑马行走，马前二人，一人扛矛，一人扛弩机开道。

人面虎·双鹿

142 cm×42 cm　西主室东壁北横梁

图右刻一人面虎，昂首翘尾，其后有二鹿，一纵身奔驰，一回首后望。

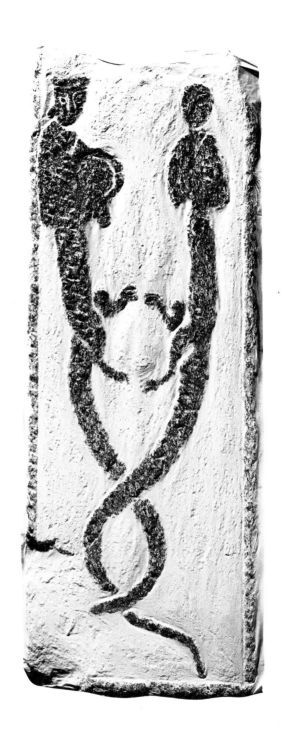

伏羲女娲

45 cm × 124 cm　前室南壁中柱

图刻伏羲、女娲，皆人首蛇躯，着襦，并列相向交尾。

执盾小吏

46 cm × 125 cm　墓门西侧立柱正面

图刻一人，戴冠，着长衣，束腰，执盾而立。

执斧门吏

39 cm ×121 cm   前室南壁东侧柱

图刻一门吏，戴冠，着短衣，束腰，双手执斧，侧面站立。

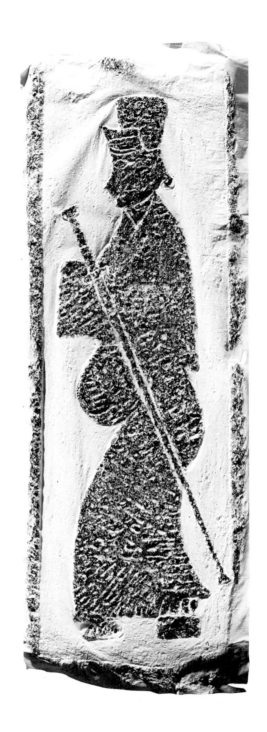

佩剑小吏

45 cm × 121 cm　前室南壁西侧柱

图刻一人，头戴冠，身着长衣，佩剑拱手站立。

执笏门吏

37 cm ×113 cm   东主室东柱

图刻一门吏，戴冠，着宽袖长衣，双手执笏，躬身站立。

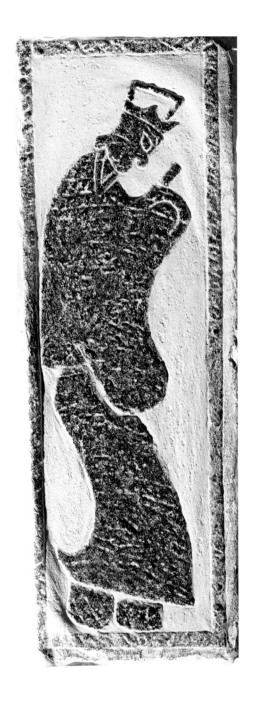

执笏门吏

40 cm×114 cm　西侧室西柱

图刻一门吏，戴冠，着宽袖长衣，双手执笏，躬身站立。

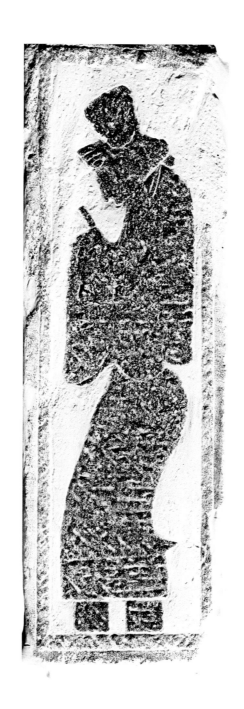

执笏门吏

38 cm×114 cm　西主室西柱

图刻一门吏，双手执笏，躬身侧立。

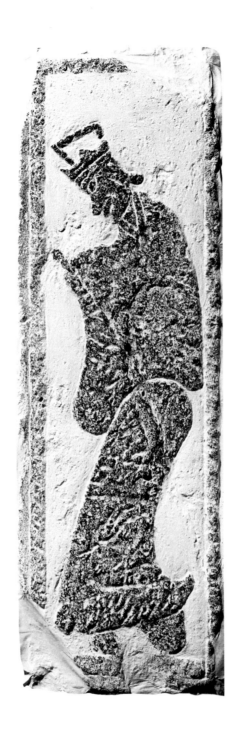

执笏门吏

38 cm ×114 cm　东侧室东柱

图刻一门吏，双手执笏，躬身侧立。

舞乐百戏

149 cm × 46 cm   西主室门楣

图刻五人。右起第一人，高髻，穿贴身衣裤，单臂倒立于酒樽上，一手执物半举；一人高髻，挥长袖踏鼓而舞；一人戴冠着长衣踞坐，双手跳丸。左有乐伎二人，皆戴冠踞坐，一人执枹击鼙鼓，一人双手抱于胸前。

舞乐百戏

153 cm×46 cm　东主室门楣

图刻四乐伎，踞坐，左三人摇鼗鼓吹排箫，右一人双手握埙吹奏。

材官蹶张

56 cm ×68 cm　东主室西壁中柱

图刻一人戴冠，口衔一矢，脚踏强弓，双手引弦上弩，应是"材官蹶张"。

踞坐官吏

56 cm ×68 cm　　西主室东壁中柱

图刻一官吏，戴冠，着长衣，颌下有须，正襟凭几踞坐。

执笏跽拜

45 cm ×68 cm　西主室东壁中柱

图刻一人，头戴进贤冠，着长衣，执笏侧身跽坐。

图刻一人，双手执钺，单腿跪地。

执钺小吏

45 cm ×68 cm　东主室西壁南柱

图刻一人，双手执钺，单腿跪地。

执棒小吏

45 cm ×68 cm　西主室东壁北柱

图刻一人，拱手执棒（金吾）于胸前，侧身跽坐。

力士

45 cm × 68 cm　东主室西壁北柱

图刻一力士，单腿跪地，右手上举，左手扶于左膝盖。

阙

50 cm × 168 cm　大门中柱

图刻一阙，共两层，下层为台，上层为楼观，阙顶立一鸱鸮（猫头鹰）。

阉牛

246 cm × 47 cm　墓门右上门楣

图中刻绘一熊，张牙舞爪，拒一龙一牛。牛后刻一胡人，头戴尖顶帽，赤裸上身，趁牛全力
前抵之际，左手托抓牛睾丸，右手紧握利刃阉割。

斗虎

234 cm ×43 cm　墓门右下门楣

图左刻一虎，四足伏地，昂首翘尾。右刻一武士，左手握钺，右手抓中间一虎虎尾，虎奋力欲逃。

龙虎戏

236 cm × 46 cm　墓门左上门楣

图左刻一应龙，全身有鳞，肩生双翼，曲颈张口，长舌外伸。右刻一虎，通体斑纹，昂首翘
尾，张口伸舌。龙、虎之舌相接触。

二龙穿璧

266 cm × 42 cm　墓门左下门楣

图中为一璧，左右各刻一龙，龙尾交互穿过璧，并曲身回首。

朱雀·神豹

94 cm ×172 cm　南门南扉

图上刻朱雀，作展翅欲飞状。下刻一神豹。

图上刻一朱雀,中刻铺首衔环,下刻一虎(残)。

朱雀铺首衔环·虎

93 cm × 172 cm 南门北扉

图上刻一朱雀,中刻铺首衔环,下刻一虎(残)。

羽人·朱雀铺首衔环·虎

93 cm ×172 cm　　北门北扉

图上刻一朱雀（凤鸟）、一羽人，羽人左手持节，右手托一盘状物承接朱雀口中吐出的仙
丹。中刻铺首衔环。下刻一猛虎，昂首翘尾，张牙舞爪，遍体条斑，神态凶猛。

朱雀铺首衔环·武士

96 cm×172 cm　北门南扉

图上刻朱雀，中刻铺首衔环，下刻一执钺武士。

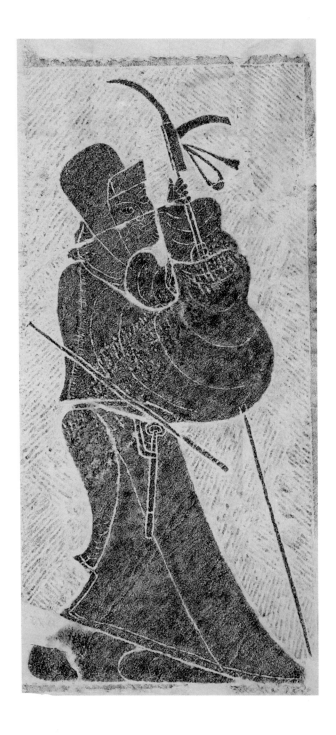

执戟门吏

94 cm ×175 cm　北门北扉背面

图刻一门吏，腰间佩剑，双手握棨戟，侧面站立。

图刻一门吏，拥盾佩剑，躬身作拜谒状。

拥盾佩剑门吏

94 cm ×175 cm　北门南扉背面

图刻一门吏，拥盾佩剑，躬身作拜谒状。

鼓舞

96 cm ×170 cm　　南门南扉背面

图分上、下两格。上格中置一建鼓，鼓身下垂双铃，鼓下有一架子，左右系二小鼓，建鼓上面有羽葆，又有一横梁，左右系二小鼓。下格中三人跽坐奏乐，左者击鼓吹排箫，中者吹埙，右者摇鼗鼓吹排箫。

武士斗虎

233 cm × 44 cm　墓门右下门楣

图左、右各刻一虎。中间刻一武士（胡人），戴尖顶帽，腰佩长剑，双手猛推右虎，同时一脚蹬向左虎。

羽人戏龙·鱼

221 cm×40 cm　墓门左上门楣

图中刻一飞龙，龙后一羽人，一手握龙尾相戏。龙前刻二鲤鱼。

驱魔逐疫

221 cm ×40 cm　墓门左下门楣

图中刻一虎一牛相斗，虎向前猛扑，牛以角相抵。牛后一胡人，戴尖顶帽，左手抓牛睾丸，右手进行阉割。虎后一猿猴，左前爪握虎尾而戏。

朱雀铺首衔环·虎

70 cm × 162 cm　右墓门右门扉

图上刻一单足独立、口衔串珠的朱雀，中刻铺首衔环，下刻一张口翘尾、纵身前扑的猛虎。

朱雀铺首衔环·武士

70 cm ×162 cm　右墓门左门扉

图上刻一展翅欲飞的朱雀，中刻铺首衔环，下刻一武士，赤裸上身，执长矛前刺。

应龙铺首衔环·熊

70 cm × 162 cm　左墓门左门扉

图上刻一昂首翘尾、展翼奔驰的应龙，中刻铺首衔环，下刻一熊，立身侧首，两前肢平伸作搏击状。

白虎铺首衔环·牛

70 ㎝ ×162 ㎝　　左墓门右门扉

图上刻一昂首翘尾、张牙舞爪的白虎，中刻铺首衔环，下刻一奔牛。

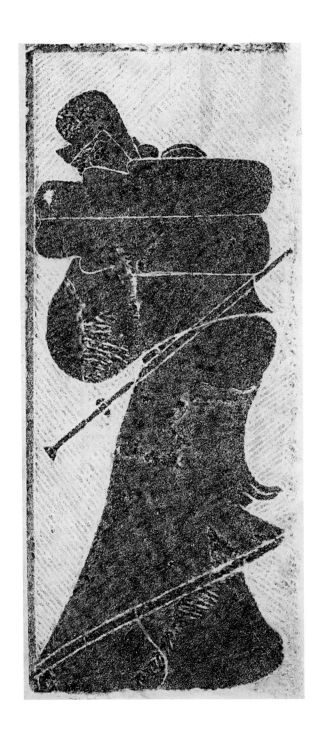

拥盾佩剑门吏

91 cm×170 cm　西墓门西门扉背面

图中门吏着宽袖长衣，腰佩长剑，双手拥盾半遮面，躬身侧立。

执钺门吏

70 cm × 160 cm　西墓门东门扉背面

图中门吏裸上身，着短裤，双目圆睁，张口露齿，双手执钺（？）。

执棨戟门吏

94 cm ×175 cm　东墓门东门扉背面

图中门吏着宽袖长衣，腰佩长剑，双手执棨戟侧身站立。

蹶张

70 cm ×160 cm　东墓门西门扉背面

图中一武士裸上身，着短裤，圆睁双目，口衔一矢，双足踏强弩，双手奋力引弦。

双鹤

204 cm × 36 cm　墓门右上门楣

图刻两只引颈昂首、相对而飞的仙鹤。仙鹤在古代被认为是长寿的象征。

〔邓州市梁寨墓画像石〕

菱形套连绕环图案

107 cm ×33 cm　南北两室墓门中间立柱背面

执盾门吏

39 cm ×139 cm　　北室墓门北侧立柱正面

图上刻十字穿环图案。下刻一小吏，戴冠，着长袍，双手执盾，躬身侧立。

执盾门吏

33 cm ×136 cm　南室墓门南侧立柱正面

图上刻十字穿环图案。下刻一人，头戴冠，身着长袍，双手执一盾牌，躬身侧立。

侍女

33 cm × 107 cm　南北两室墓门中间立柱正面

图上刻一玉璧，有一绳系其上。下刻一侍女，着束腰长裙，侧身而立。

执棒小吏

33 cm ×107 cm　过梁下西起第二柱北面

图上刻一短尾动物，似猴，正在行走中。下刻一小吏，双手执棒（金吾），躬身侧立。

捧奁侍女

33 cm × 107 cm　过梁下西起第二立柱西面

图上刻一鹳，嘴中衔一尾鱼，鱼头朝下。下刻一侍女，头梳高髻，身着长袍，双手捧一奁盒，躬身侧立。

执便面奴婢

33 cm×107 cm　过梁下西起第二立柱南面

图上刻十字穿环图案。下刻一人，身着长袍，腰间佩剑，手执一便面（即扇子），侧身而立。

图上刻菱形图案。下刻一犬，坐姿，双耳竖立，瞋目作张望状。

菱形纹·狗

33 cm × 107 cm　过梁下西边第二立柱东面

图上刻菱形图案。下刻一犬，坐姿，双耳竖立，瞋目作张望状。

图刻一马，一前腿抬起，其前置一马槽。

马

122 cm × 32 cm　过梁中段北面

图刻一马，一前腿抬起，其前置一马槽。

舞乐

109 cm ×33 cm　过梁西段北面

图中共有四人。左二人正面站立吹排箫。中间有一酒樽，内置一勺。酒樽旁一男子跨步挥臂
正表演盘鼓舞，其前面地上倒扣两盘，其后一小鼓。右一人，侧立观看。

虎牛斗

109 cm × 33 cm　过梁西段南面

图左刻一猛虎，瞋目张口，纵身向前猛扑。右侧一牛，弓背低首奋力前抵。

鼓舞

107 cm × 34 cm　过梁中段北面

图中有一建鼓，两侧各一人击鼓而舞。图左一人侧身而立，似在敲击一种乐器。

象人斗兽

107 cm × 34 cm　　过梁中段南面

图中刻一人，似为戴有面具的斗兽者。左侧一怪兽，瞋目张口，正向前猛扑。右侧一兽似野
猪，只刻出身子前半部，正张口向人攻击。

黄龙

158 cm × 36 cm　　南室门楣正面

图中刻一龙，瞋目张口，纵身摆尾，向前奔走。

图刻一虎，细长尾巴，奋爪展身，瞪目张口，向前奔走。

白虎

173 cm × 35 cm   北室门楣正面

图刻一虎，细长尾巴，奋爪展身，瞪目张口，向前奔走。

捧案侍女

33 cm ×107 cm　过梁西起第三立柱东面

图为一女子，着细腰长裙，正面双手捧食案站立，案上放有酒杯等物。

V 形穿环图案

90 cm ×34 cm　位置不明

十字穿环图案

100 cm ×31 cm　位置不明

菱形套连图案

89 cm ×33 cm　位置不明

菱形套连图案

89 cm × 33 cm　位置不明

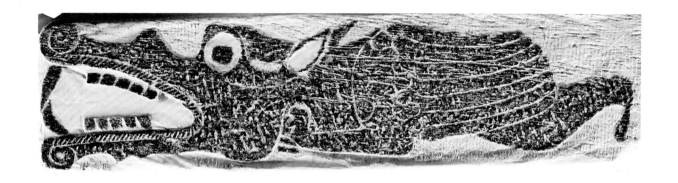

龙首

160 cm × 39 cm   主室隔墙前段过梁侧面一

画刻一龙首，口部为圆雕，巨口露齿。

龙首

160 cm × 39 cm　　主室隔墙前段过梁侧面二

画刻一龙首，口部为圆雕，巨口露齿。

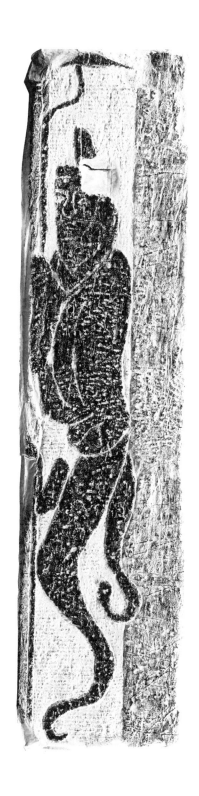

伏羲

30 cm × 150 cm　疑为主室门侧柱画像

伏羲人首蛇躯，头戴冠（残），上身着襦，下垂曲尾，手执曲柄灵芝。

伏羲捧日

31 cm×158 cm　主室后端隔梁石下面

伏羲人首蛇躯，头梳发髻，手执灵芝，曲尾下垂。伏羲头顶有一日轮。

女娲人首蛇躯，头梳高髻，上身着襦，下垂曲尾，手执曲柄灵芝。

女娲

31 cm ×150 cm　疑为主室门侧柱画像

女娲人首蛇躯，头梳高髻，上身着襦，下垂曲尾，手执曲柄灵芝。

斗兽

244 cm × 41 cm　疑为前室门楣石画像

画左一人伸臂跨步，画中一虎张口奔走，右一牛俯首前抵。画间刻云气。

长舌神怪·兕

120 cm × 30 cm　疑为主室门门槛石

画左刻一人裸体，鼓腹吐长舌，前肢着地，后肢跪地；中刻一树状物，树枝向两边弯曲下垂；画右刻一独角兽（兕），尾分两叉，肩生羽毛，低头前抵。

力士

41 cm×87 cm　疑为主室门中立柱画像

画刻一力士，高髻，着短衣，赤足，双目圆睁，右手上举，面貌凶悍。

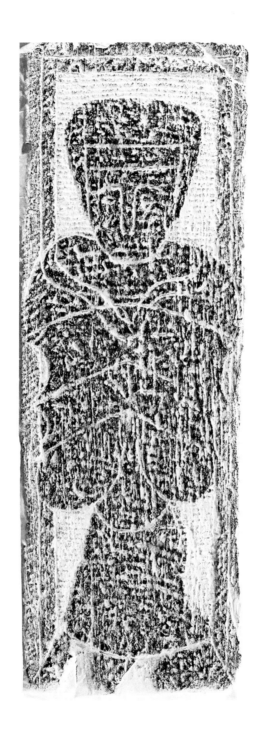

执盾门吏

41 cm×87 cm　疑为主室门中立柱画像

画刻一人，拥盾正面而立。

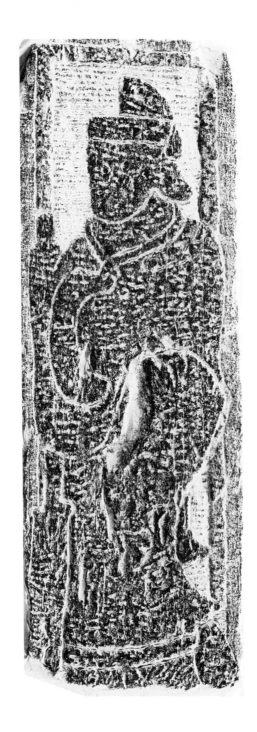

执板门吏

34 cm×90 cm　疑为主室门中立柱画像

画刻一人，双手执板侧面而立。

拥彗门吏

41 cm ×87 cm　疑为主室门中立柱画像

画刻一人，拥彗侧立。

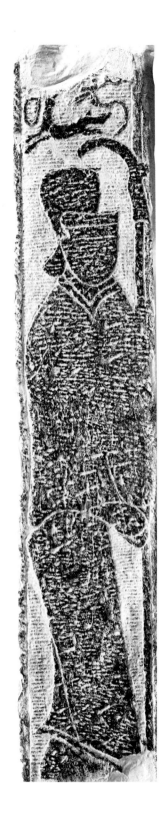

执戟门吏

34 cm ×160 cm　疑为墓门中立柱画像

画刻一人，执戟侧身而立。其上一小动物在云气中奔跑。

画刻一人，拥彗侧身而立。其上一熊，跃足挥臂。

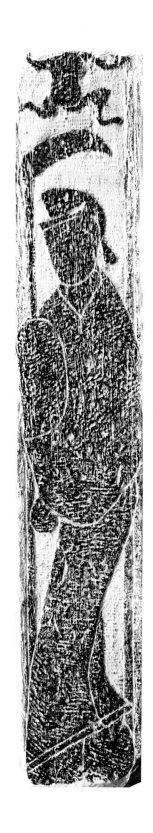

拥彗门吏

29 cm × 160 cm   疑为墓门中立柱画像

画刻一人，拥彗侧身而立。其上一熊，跃足挥臂。

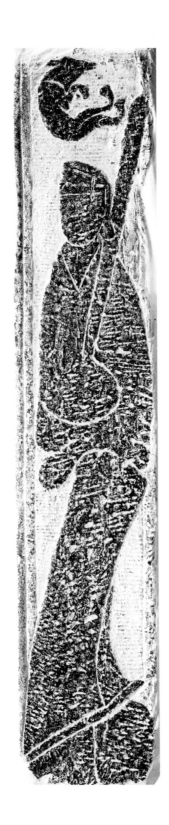

执棒门吏

31 cm × 159 cm　疑为墓门中立柱画像

画刻一人，执棒（金吾）侧身而立。其上有一小动物。

人物故事

158 cm × 33 cm　二主室隔墙后段过梁侧面一

画中雕刻五人：左似一女子站立，中一男子拱手而立，一女子用右手推其后背，右一女一男
相随而行。这可能是一个具有故事情节的人物活动场景。

羽人戏龙虎

158 cm × 34 cm　二主室隔墙后段过梁侧面二

画刻一虎一龙，龙虎之间有一羽人面向虎口而戏。

建鼓舞

130 cm × 39 cm　疑为主室门楣石画像

图中刻一建鼓，上饰羽葆，两侧各一击鼓人，且鼓且舞。左一人侧面坐。

长袖舞

165 cm × 40 cm　疑为主室门楣石画像

画中一女伎长袖作舞，左右各一人执桴击鼙鼓伴奏。